LE TONKING

LES ÉVÉNEMENTS DE 1873 & 1874

Causes qui ont amené notre
première intervention.

Nécessité d'une occupation immédiate
et définitive

PAR

M. PAUL MELON

PRIX : 75 CENTIMES

EN VENTE

CHEZ MM. ROUVIER ET LOGEAT, LIBRAIRES-ÉDITEURS

7, passage Jouffroy, 7.

1881

LE TONKING

LES ÉVÉNEMENTS DE 1873 & 1874

Causes qui ont amené notre
première intervention.

Nécessité d'une occupation immédiate
et définitive

PAR

M. PAUL MELON

Ancien élève de l'École des Hautes-Études et de l'École
des Langues Orientales vivantes.

EN VENTE

CHEZ MM. ROUVIER ET LOGEAT, LIBRAIRES-ÉDITEURS

7, passage Jouffroy, 7.

1881

LE TONKING

⎯⎯⎯⎯⎯⎯⎯⎯⎯⎯

I

Toute médaille a son revers. — La France, par sa culture intellectuelle, a exercé pendant une longue série de siècles une telle influence sur le restant de l'Europe que bien des gens s'y sont imaginés que la grandeur d'un pays était toute morale et que peu importait à son rôle dans le monde sa puissance matérielle. C'est ainsi que nos pères se sont laissé prendre avec la plus profonde insouciance, sous Louis XV et Napoléon Ier, en Asie et en Amérique, de vastes colonies, croyant compenser et au delà, par l'ascendant moral de leurs nouvelles conceptions politiques ou philosophiques, ce qu'ils perdaient en forces réelles.

Leurs souvenirs classiques contribuaient d'ailleurs à les tromper. La Grèce, ce pays minuscule, dont les efforts réunis n'avaient pu envoyer que 10,000 hommes à Marathon, n'était-elle pas restée comme le type le plus parfait d'une nation modèle? N'avait-elle pas eu toutes les gloires et toutes les grandeurs? Son génie, s'élevant jusqu'aux hauteurs les plus sereines de la pensée, n'avait-il pas brillé d'un éclat qui sert encore de guide à l'humanité? — Sans doute: mais cette race grecque, qui réalisait si bien dans toutes ses productions l'idéal humain, ne se confinait pas dans les limites de l'antique Hellas, elle rayonnait au dehors, elle se mêlait à tous les peuples, elle couvrait de ses comptoirs et de ses colonies tous les rivages de la Méditerranée dont elle faisait un lac hellénique.

Nous nous laisserions donc aller à une erreur dangereuse si, sur la foi de quelques publicistes ou orateurs politiques, nous comptions retenir toujours, par le seul prestige de notre puissance intellectuelle ou morale, le rang que nous occupons, en supposant même que la source d'où ont jailli pendant un siècle tant d'idées neuves ou généreuses ne tarisse jamais.

Notre puissance matérielle n'est plus d'ailleurs ce qu'elle était jadis, et les transformations que la géographie politique de l'Europe a subies pendant ces dernières années, l'ont profondément modifiée par rapport à nos voisins; car alors qu'en 1698, quand la Russie n'existait pas encore et que l'Espagne était épuisée, la France avec ses 19 millions d'habitants représentait les 38/100 de la population des grandes puissances; aujourd'hui nous ne comptons que pour 13/100 dans la masse totale; l'Italie s'est constituée en un royaume homogène de 28 millions d'âmes, et l'Allemagne, avec ses 45 millions d'hommes, pèse lourdement sur notre frontière ouverte et dégarnie.

Prévoyant l'avenir, Prévost-Paradol, dans la

France nouvelle, poussait un cri d'alarme et nous montrait l'Afrique comme un terrain vierge à coloniser et à gagner à l'influence française. Il pensait que sur ce vaste continent, la France, limitée à l'avenir dans son expansion en Europe, devait profiter de la situation déjà acquise pour fonder, au delà de la Méditerranée, un empire qui doublât son étendue et accrût sa puissance.

Aujourd'hui, après la défaite et le démembrement, ce n'est plus au seul bassin de la Méditerranée que doit se limiter notre activité. Elle doit se porter sur tous les points du globe, partout où il y a de nouvelles terres à conquérir, partout où il y a place pour notre race et notre influence. Le temps presse et bientôt il sera trop tard ; les races anglo saxonne, allemande et russe semblent prêtes à se partager la domination du monde : nous n'aurons pas trop de toutes nos énergies, de toutes nos audaces pour rétablir l'équilibre déjà rompu entre nous et nos puissants voisins.

Et de quel côté diriger nos regards mieux que vers l'extrême Orient? Là, se trouvent des terres d'une fertilité incomparable, d'une puissance minière sans rivale ; là, habitent des races fécondes et laborieuses, déjà adonnées à tous les arts de l'industrie, et qui n'attendent peut-être que notre contact pour se reconstituer à nouveau et vivifier leur antique civilisation ; qui sait si un jour la Chine, avec ses 450 millions d'âmes et ses mines inépuisables, ne pèsera pas d'un poids énorme dans la balance des échanges et si l'axe du commerce ne se déplacera pas à son profit? Heureuses alors les nations qui auront su prévoir l'avenir et s'assurer, par une politique intelligente, une part dans cet énorme mouvement de richesses.

La France, plus qu'aucun autre pays, est à même de prendre sa place sur cet immense marché de production et de consommation où s'agite le tiers des habitants de la terre. Elle possède déjà la Cochinchine, elle a des droits sérieux à faire valoir sur la vallée du Mékong; comme suzeraine du Cambodge, elle peut prendre en main ses légitimes revendications contre les spoliations dont il a été victime depuis le commencement de ce siècle de la part de Siam: elle se doit enfin à elle-même d'établir sa domination effective sur les rives du fleuve Rouge au Tonking, découvert et conquis par un Français.

En agissant ainsi elle réaliserait le rêve de Dupleix et se créerait, au sud même de la Chine, un vaste empire de 30 à 40 millions d'âmes où elle implanterait son influence et sa civilisation. Les rapports que MM. de Lagrée et Garnier ont faits sur les habitants de la vallée du Mékong, ne laissent aucun doute sur la facilité avec laquelle ils accepteraient notre donimation; en effet, doux, paisibles, aptes au commerce, heureux de se débarrasser des entraves que le joug de leurs maîtres siamois met à leur expansion commerciale, les Laotiens acclameraient, comme des libérateurs, ceux dont ils ont accueilli les représentants en 1866 avec tant de bienveillance et de sympathie. Nul doute qu'il nous suffirait de faire entendre à la cour de Bangkok un langage ferme et énergique, pour réparer les bévues d'une diplomatie imprévoyante qui, lors de l'établissement de notre protectorat sur le Cambodge, en cédait la moitié, la plus riche, pour acheter l'adhésion du roi de Siam, et gênait ainsi l'essor commercial de Saïgon, privé désormais, par une frontière factice, de ses relations avec des provinces dont il est l'emporium naturel.

Pour ce qui est de l'Annam et du Tonking, point n'est besoin d'invoquer de spécieux prétextes pour légitimer leur conquête ; la mauvaise foi de l'Annam et sa faiblesse l'ont rendu nécessaire.

Nous voudrions, en retraçant succinctement les principaux événements qui ont motivé notre première intervention en 1873, indiquer les raisons de dignité et d'intérêt qui militent en faveur d'une annexion déjà trop longtemps retardée.

II

Le Tonking est compris entre le 18e et le 23e degré de latitude nord ; borné au Nord par la Chine, à l'Est par la mer, à l'Ouest par le Laos Birman et Siamois, au Sud par l'empire d'Annam proprement dit, il en est la province la plus septentrionale. Sa capitale, Hannoï, compte 100,000 habitants; c'est un pays plat dans une zone de 24 lieues à partir de la mer, puis très accidenté et couvert de montagnes et d'épaisses forêts jusqu'à la limite de la province chinoise du Yun-Nân; le climat y est relativement sain ; on n'y a observé, dans les petites garnisons françaises établies à Hannoï et à Hai-Phong, fortes de 250 hommes, que six cas de décès en l'espace de deux ans. La population très dense. est évaluée à 10 millions d'âmes.

Les Tonkinois sont d'un caractère doux et facile ; leur sol, d'une fertilité remarquable, produit toute espèce de fruits et de légumes en abondance. Il est très favorisé également au point de vue des richesses naturelles ; les mines de fer, cuivre, or. argent, étain, abondent et sont d'un rendement exceptionnel ; celles de charbon de terre d'une exploitation facile.

De plus, sa situation en fait le débouché naturel du Yun Nan, dont la puissance minière est peut-être sans rivale au monde. Le Tonking est en effet sillonné par plusieurs cours d'eau, dont le plus important, le Song Koï ou fleuve Rouge, le traverse dans toute sa largeur, du Nord-Ouest ou Sud-Est, et peut servir de route commerciale à tous les produits des provinces limitrophes de l'empire chinois. C'est là un fait d'une importance capitale qui, en dehors de toute autre considération, devrait suffire pour nous déterminer à procéder, sans retard, à l'annexion de ce pays à la France. En soumettant en effet à notre domination le cours et l'embouchure du fleuve Rouge, nous résoudrions à notre profit, le problème ardu dont les Anglais ont vainement cherché la solution pendant un demi-siècle. Qui ne connaît les efforts persévérants qu'ils ont faits pour découvrir une route commerciale entre la Chine et leurs possessions de l'Inde ! Ils ont exploré la vallée du Brahmapoutra ; plus tard, essayé de créer une route diagonale à travers la Birmanie ;

enfin, en 1868 et 1874, remontant la vallée de l'Irrouaddy, ils ont rêvé de rétablir par une voie ferrée, les vieilles communications entre Bhamo, ville frontière de la Birmanie, et la ville chinoise de Tali.

C'était l'époque où l'insurrection musulmane désolait le Yun-Nan; peu scrupuleux de leur nature, ils n'avaient pas hésité à se mettre en rapport avec le sultan rebelle, espérant, si la victoire continuait à couronner ses étendards, s'en faire un marche-pied pour étendre leur influence politique et commerciale sur toute la vallée du fleuve Bleu. C'était un beau rêve; mais les victoires des généraux chinois le dissipèrent.

La France d'ailleurs, entrait, à son tour en scène.

Elle avait cherché, elle aussi, une route commerciale pour se rendre en Chine. C'était dans ce but que M. de Chasseloup-Laubat avait ordonné l'exploration du Mékong en 1866.

Les résultats ne furent point ceux qu'on espérait. La commission fut obligée de conclure à l'innavigabilité du fleuve; ses efforts, cependant, n'avaient pas été dépensés en pure perte. Elle avait recueilli sur le Tonking et ses voies fluviales des renseignements précieux qui, mis à profit par un Français intrépide, allaient lui permettre de parcourir et d'utiliser le premier la vraie route commerciale du sud de la Chine.

Ce Français, c'était M. Dupuis. Il était établi en Chine depuis longtemps; il en parlait la langue; il connaissait par ouï-dire les richesses minières du Yun-Nan. A l'occasion de la rébellion musulmane, il avait offert ses services aux généraux

chinois, et leur avait fourni les armes et les munitions qui devaient leur assurer la victoire.

Esprit aventureux et chercheur, il avait profité
d'un de ses voyages au Yun-Nan pour aller vérifier
sur les lieux mêmes les renseignements qu'il avait
pu recueillir sur la navigabilité du fleuve Rouge et
l'avait descendu en barque jusqu'à la capitale du
Tonking. Certain désormais d'avoir retrouvé la
voie commerciale jadis utilisée par les négociants
chinois, il revint sur ses pas au milieu des accla-
mations d'une foule enthousiaste, et fit avec les autorités du pays des contrats avantageux. Il s'enga-
geait à les approvisionner, par le fleuve Rouge, en
matériel de guerre et à leur fournir le sel qui leur
faisait presque entièrement défaut. En revanche, il
devait recevoir du minerai de cuivre et d'étain qu'il
comptait revendre avec un bénéfice énorme sur
les marchés de Hong-Kong et Shangaï.

Pour M. Dupuis, c'était l'opulence; pour la
France, c'était un débouché nouveau à son industrie; c'était son influence et son pavillon portés
dans des régions où ils n'avaient pas encore pénétré. Pourquoi faut-il qu'une politique sans lendemain, vacillante et pusillanime, ait détruit de si
brillantes perspectives?

M. Dupuis cependant, sur le point d'ouvrir le
fleuve Rouge au commerce, sentant qu'il avait
intérêt à mettre son entreprise sous la protection
de la France, ou bien obéissant à un mobile de pur
patriotisme, se rendit en 1872 à Paris pour obtenir
l'appui du gouvernement français. Malheureusement la situation était trop précaire pour que le
ministre de la marine, M. l'amiral Pothuau, pût

faire autre chose que d'exprimer sa sympathie au brave et vaillant explorateur.

Réduit à ses seules ressources, M. Dupuis revint à Hong-Kong et y organisa sa petite flottille, composée de deux canonnières et d'une chaloupe à vapeur, montées par 25 Européens et 150 Asiatiques.

Le 8 novembre 1872 il mouillait dans les eaux du Tonking. Il y rencontra M. Senez, commandant du *Bourayne*, qui se chargea de lui servir d'intermédiaire auprès des autorités annamites, et de lui faciliter la réussite de son expédition. Tant que le navire français fut là, les protestations d'amitié et de bon vouloir ne manquèrent pas à M. Dupuis. Les mandarins annamites se disaient tout disposés à accorder l'autorisation sollicitée : ils ne voulaient qu'en référer à la cour de Hué, c'était l'affaire de quinze jours. M. Senez, confiant en ces belles paroles partit. Aussitôt tout changea : la réponse de la cour de Hué n'arriva jamais ; le vide fut fait autour de M. Dupuis, et l'ordre donné, sous peine de mort, de ne lui vendre ni les bois nécessaires à ses navires, ni les vivres indispensables à ses équipages. Convaincu à la fin que les mandarins n'avaient pour but que de faire avorter l'expédition par leurs mesures dilatoires, le vaillant explorateur se résolut à aller de l'avant, et le 22 décembre de la même année il mouillait devant Hannoï, la capitale du Tonking. Puis, sans se soucier davantage des rodomontades et des bravades des pavillons noirs et jaunes, bandes de pillards campés sur les bords du fleuve au delà de la capitale, il parvint à force d'énergie et de volonté à passer, le 20 février 1873, la frontière chinoise. Son but était atteint ; le 4 mars il débarquait à Manhao, point terminus de la navigation du fleuve Rouge. Ce fut une vive explosion d'enthousiasme parmi les populations du Yun-Nan ; les négociants, les marchands, les mandarins étaient au comble de leurs vœux : ils allaient pouvoir enfin tirer parti de leurs richesses métallurgiques.

Du coup M. Dupuis avait conquis une situation exceptionnelle : ses avis étaient écoutés comme des oracles : le peuple lui faisait cortège dans les rues et ne l'appelait plus que le grand homme.

Au point de vue financier, il n'avait point retiré cependant tous les bénéfices qu'il se promettait de ce premier voyage. Les lenteurs inséparables de tout début, les pertes de temps occasionnées par le mauvais vouloir des Annamites avaient lassé la patience des mandarins chinois qui avaient dirigé, par le Nord et la route du fleuve Bleu, le minerai qui lui était primitivement destiné.

C'était une entreprise à recommencer ; M. Dupuis ne se découragea pas pour si peu. Refusant l'escorte de 3 ou 4,000 hommes que lui offrait le gouvernement chinois, il revint à Hannoï après avoir passé de nouveaux contrats pour une valeur de 5 à 6 millions de francs. Son retour à Hannoï, qui affirmait la navigabilité du fleuve Rouge, eut un retentissement extraordinaire dans tout le monde oriental. Les Anglais s'émurent et demandèrent au gouverneur de Hong-Kong d'arborer l'étendard britannique sur un point quelconque du littoral. Les Européens ou Américains établis en Chine firent à M. Dupuis des offres de capitaux considérables; ce dernier resta inflexible, voulant avant tout que l'affaire restât française et à l'abri de toute ingérence étrangère.

Il ne tardait pas cependant à s'apercevoir que la malveillance des Annamites n'avait pas désarmé; la cour de Hué, avait envoyé au Tonking le maréchal Uguyen-Tri-Phuong. C'était un vieillard brave et énergique, mais patriote ardent et que sa haine pour nous rendait peu propre à résoudre équitablement le différend survenu entre son gouvernement et un citoyen français. Il ne négligea rien pour envenimer les choses. Il renouvela la défense de rien vendre à M. Dupuis, ne tint aucun compte des lettres et passe-ports que lui avait délivrés le vice-roi de Canton, en vertu du droit de suzeraineté que le Céleste Empire s'arroge sur le Tonking, enfin fit barrer le fleuve en amont et en aval de la capitale. Le négociant français ne céda pas; sa situation d'ailleurs, devenait tous les jours plus formidable; les soldats chinois accouraient en foule auprès de lui; il n'aurait eu qu'un signe à faire pour se trouver en quelques jours à la tête d'une véritable armée. La cour de Hué prit peur; ne se fiant plus à ses propres ressources pour chasser M. Dupuis, elle en appela au gouverneur de Cochinchine, et invoquant les traités qui n'autorisaient point la résidence des Européens au Tonking, protesta contre les agissements du négociant français et en réclama l'expulsion.

La France avait en ce moment à la tête des affaires de sa colonie M. le contre-amiral Dupré. C'était un homme de tête et de cœur. Il s'était appliqué dès son arrivée à Saïgon à obtenir de la cour de Hué la conclusion d'un traité qui ratifiât le nouvel état de choses créé en Cochinchine par l'annexion à la colonie (en 1867) des trois provinces occidentales. Soucieux des intérêts de son pays, comprenant le rôle et la mission qui nous sont dévolus dans l'Indo-Chine, il avait vite entrevu dans l'expédition Dupuis un sûr moyen de venir à bout des tergiversations de la cour de Hué, peut-être même une excellente occasion pour ouvrir un débouché unique à notre commerce et agrandir notre domaine dans ces régions. Pénétré de ces idées, il avait expédié dépêche sur dépêche et lettre sur lettre au ministre de la marine pour lui exposer la nécessité d'une intervention au Tonking, le peu de dangers qu'elle présentait, les bénéfices que nous en retirerions. « Le Tonking, écrivait-il, est ouvert de fait par le succès de l'entreprise Dupuis, dont les bateaux ont remonté la rivière Song-Koï jusqu'aux frontières du Yun-Nan. L'effet produit sur le commerce anglais, allemand, est immense; il y a nécessité absolue, pour nous, d'occuper le Tonking avant la double invasion dont ce pays est menacé par les Européens et les Chinois, et d'assurer à la France cette route unique. Je ne demande aucun secours; j'agirai avec mes seules ressources; le succès est certain. » Puis, dans un moment de noble patriotisme, il ajoutait : « Mais je suis prêt, s'il reste un doute dans votre esprit ou dans celui du gouvernement, à assumer toute la responsabilité des conséquences de l'expédition que je projette, à m'exposer à un désaveu, à un rappel, à la perte d'un grade auquel je crois avoir quelques droits. Je ne vous demande ni approbation ni renfort; je vous demande de me laisser faire, sauf à me désavouer si les résultats que j'obtiens ne sont pas ceux que je vous ai fait entrevoir. »

Nobles et belles paroles qui jettent une bien pure lumière sur le caractère de M. l'amiral Dupré.

Malheureusement, le ministre de la marine à Paris restait sourd à ces objurgations. L'Angleterre, craignant de voir passer entre nos mains la suprématie qu'elle avait exercée jusqu'alors dans l'Extrême-Orient, dépêchait auprès de M. de Broglie son ambassadeur pour lui faire des représentations, et le ministère français, plus préoccupé peut-être de servir les intérêts de son parti que ceux de son pays, trop faible d'ailleurs pour résister aux colères de l'Angleterre, envoya, à la date du 8 septembre, un ordre formel au gouverneur de Cochinchine, de s'abstenir en tout état de cause, quelles que fussent les considérations qui recommandaient la politique et les opérations proposées.

Ce refus de la métropole de s'associer à la politique du gouverneur de la Cochinchine eut les plus fâcheuses conséquences, car l'amiral, gêné désormais dans sa liberté d'action, écrasé plus tard sous le poids de la responsabilité encourue, ne trouva plus au moment critique sa décision accoutumée, et n'osa pas recueillir tous les fruits de la politique qu'il avait lui-même préconisée. Il conservait toutefois un trop vif sentiment de ce qu'exigeaient les intérêts français dans l'Extrême-Orient pour abandonner complètement la partie; seulement, se sentant lié par les ordres venus de Paris, il usa de diplomatie et en vue de préparer le terrain pour la

réalisation ultérieure de ses plans, il appela auprès
de lui M. Garnier, un de nos plus brillants officiers
de marine, très au courant des choses de l'Extrême-
Orient, et ayant concerté avec lui ce qui convenait
le mieux à nos intérêts en cette occurrence, il ré-
pondit à l'Annam, qui sollicitait son intervention et
lui offrait son alliance en échange de l'expulsion
de M. Dupuis, que ce dernier, ayant résisté à sa
première invitation, il ne voulait pas s'exposer à
voir une seconde fois son autorité méconnue; et que
le seul moyen d'arriver à une solution satisfaisante
était d'envoyer à Hannoï un officier avec quelques
hommes pour lui signifier l'ordre de se retirer, et
l'y obliger par la force au besoin. Pendant qu'il
trouvait ainsi un prétexte plausible pour une intervention, il faisait dire à M. Dupuis de ne pas pousser
les choses à l'extrême et de garder le statu quo, et
lui faisait prêter par la colonie la somme de 30,000
piastres, pour éviter toute ingérence étrangère.
Craignant enfin les complications qui pourraient
naître, en cas d'expédition, d'une collision quelconque
entre nos troupes et les soldats chinois venus au
Tonking, il écrivait aux vice-rois de Canton et du
Yun-Nan pour leur conseiller, sous un prétexte
aimable, le retrait de leurs troupes. Cela fait, après
avoir prévenu le ministre à Paris qu'il se confor-
merait à ses ordres autant que les événements le
permettraient, il se plaignit auprès des autorités
annamites des démarches qu'elles avaient faites auprès du gouvernement anglais de Hong-Kong, et
dénonçant leurs agissements comme contraires aux
intérêts de la France, les informa qu'il allait envoyer un officier français au Tonking et les rendrait

responsables des entraves qui pourraient le gêner dans l'accomplissement de sa mission.

Garnier partit en effet le 11 octobre 1873. L'amiral avait atteint son but. Il avait pris pied au Tonking et il allait pouvoir tirer parti du conflit survenu entre M. Dupuis et la cour de Hué pour forcer cette dernière à signer un traité qui réglât définitivement les questions pendantes et préparât notre suzeraineté politique et commerciale pour un avenir rapproché.

Les partisans de M. Dupuis, outrés de l'injustice de l'administration coloniale à son égard, comme de la façon indigne dont, après avoir profité de sa découverte, elle a sacrifié ses intérêts, ont certainement dépassé la mesure de l'équité dans leur appréciation sur M. l'amiral Dupré. Une certaine défaveur a été jetée sur sa conduite; aux attaques de M. Benoist-d'Azy, qui traite Garnier de vulgaire ambitieux, et M. Dupuis de forban et de pirate, a succédé le rapport de M. Boucher devant la Chambre des députés, où l'éminent orateur est entraîné par le point de vue spécial où il se place, la pétition Dupuis, à faire le procès de l'amiral et à blâmer ses actes. Plût au ciel, cependant, que tous les hommes qui sont chargés des affaires de la France eussent comme lui la conscience de leur responsabilité et le sentiment de nos intérêts véritables.

III

Garnier arriva le 5 novembre à Hannoï. Sa mission consistait à faire une enquête sur les faits reprochés à M. Dupuis et ses réclamations, et à obtenir de la cour de Hué l'ouverture du fleuve Rouge au commerce. Il est hors de doute que ni l'amiral, ni son lieutenant ne songeaient à ce moment-là à une conquête violente. Le premier, s'il en avait eu quelque velléité, y avait renoncé, lié comme il l'était par les ordres du ministre de la marine; quant au second, il était trop bien disposé pour les Annamites, si nous devons en croire sa correspondance, pour ne pas désirer atteindre pacifiquement le but de sa mission. On ne saurait donc, sans injustice, les accuser l'un et l'autre de préméditation agressive, et c'est la cour de Hué qui est seule responsable de la tournure que prirent plus tard les événements.

Garnier était à peine arrivé avec ses deux canonnières et ses quelques matelots, qu'il s'aperçut de l'hostilité des Annamites à notre égard. Ce qu'ils nous demandaient, ce n'était pas une enquête impartiale sur les agissements de M. Dupuis, mais bien son expulsion immédiate. Quant au traité ratifiant le nouvel état de choses en Cochinchine et décrétant la liberté de commerce au Tonking, Garnier sentit vite que les mandarins n'y songeaient point d'une façon sérieuse. Avant tout, ils voulaient se débarrasser de M. Dupuis ; cela fait, ils espéraient bien nous susciter telle diversion dans l'Indo-Chine ou en Europe qui nous fît abandonner la partie.

De plus, le vieux maréchal Uguyen, notre ennemi acharné, était encore à la tête des affaires du Tonking. Son premier acte fut de mettre les Français en interdit ; personne ne se présenta pour recevoir un officier français qui venait en ami et sur la demande expresse du gouvernement central ; aucun logement ne fut préparé pour lui, ni pour son escorte ; on fit le vide autour de nos soldats ; un officier annamite qui avait laissé Garnier pénétrer dans la citadelle pour rendre visite au maréchal fut condamné à mort ; des proclamations répandues à foison annoncèrent partout que nous n'étions venus que pour chasser M. Dupuis et que nous repartirions aussitôt ; enfin, pour combler la mesure, l'eau des fontaines où nos soldats s'abreuvaient fut empoisonnée, et le vieux maréchal, faisant des levées de troupes, demanda à la cour de Hué la permission de se retirer ou de combattre. Notre position était devenue intolérable. Garnier sentit qu'un coup d'éclat était nécessaire s'il voulait conserver son prestige et sauver la situation.

Le 19 novembre, il envoya un ultimatum dans lequel il demandait le désarmement de la citadelle de Hannoï, la permission pour M. Dupuis, qui ne lui inspirait plus que de la sympathie, de remonter au Yun-Nan, l'ordre pour tous les gouverneurs de province de se conformer aux arrêtés qu'il avait pris touchant l'ouverture du Tonking au commerce français, espagnol et chinois, sous la protection de notre pavillon.

Cet ultimatum, qui était modéré et ne demandait que justice pour un de nos nationaux, et la stricte observation d'une des clauses du traité de 1862 qui ouvrait le port de Ba-Lat à notre commerce, resta sans réponse.

Le lendemain, 20 novembre, Garnier, à la tête de 180 hommes, enlevait de haute lutte la citadelle occupée par 7.000 soldats, faisait prisonnier le vieux maréchal blessé, ainsi que toute la garnison, et établissait par son heureux coup de main la domination française dans la capitale du Tonking. Alors commença une série de combats épiques, où la hardiesse de nos marins et de nos soldats n'eut d'égale que la grandeur des résultats obtenus. En quelques jours, les positions stratégiques les plus nécessaires à notre sécurité furent occupées par nos troupes. L'administration d'une province de deux millions d'hommes fut reconstituée : des lettres, envoyées à tous les préfets du littoral leur intimèrent l'ordre d'adhérer au nouvel état de choses.

Ces dernières mesures de précaution étaient indispensables ; nous étions maîtres de Hannoï, mais il suffisait que les gouverneurs des forteresses commandant les cours d'eau au-dessous de la capitale nous fussent hostiles, pour rendre notre position intenable. Il importait donc de s'assurer avant tout de leurs bonnes dispositions. Garnier chargea un de ses lieutenants, M. Balny d'Avricourt, de cette délicate mission. Ce dernier partit avec une canonnière et 17 hommes, sous le commandement de M. de Trintignan, pour demander aux mandarins de Hung-Yên, Phuli et Haï-Tsuong, for-

teresses formidables qui pouvaient intercepter nos
communications avec la mer, de s'abstenir de tout
acte d'hostilité envers nous. Sa tâche était difficile;
à Haï-Tsuong elle fut même périlleuse.

A 1,500 mètres de ce vaste quadrilatère, flanqué
de puissantes murailles et défendu par 100 canons,
dont quelques-uns de nouveau modèle, la canonnière française échoua; sans se laisser déconcerter
par cet accident, le jeune enseigne envoie M. de
Trintignan à terre pour sonder les intentions du
gouverneur; ce dernier, qui se sent à l'abri derrière
ses épaisses murailles, lui donne une réponse dila-
toire. M. Balny fait alors tirer à mitraille sur les
forts qui répondent par une bordée, puis débarque
et s'élance en avant à la tête de 12 hommes. Le
premier retranchement est évacué, mais les boulets
ennemis enfilent la rue unique qu'il faut suivre
pour arriver à la citadelle. M. Balny n'hésite pas:
il se met à la tête de ses hommes, et les porte, au
pas de course, l'espace de 500 mètres jusqu'à la
porte du redan. Elle se dresse forte et solide; la
hache ne peut l'entamer; la petite troupe va être
décimée; heureusement pour elle, les murs à droite
et à gauche sont peu élevés; les hommes font la
courte échelle et sautent dans l'ouvrage. Un dernier
obstacle reste à vaincre cependant. Des bastions,
de la courtine, les projectiles pleuvent dans le
redan; une nouvelle porte, plus massive encore que
la première, se dresse infranchissable; la muraille
est trop haute cette fois pour être franchie; la petite
troupe acculée dans un coin semble vouée à une
mort certaine quand le Dr Harmand, improvisé
soldat, s'aperçoit que le haut de la porte est sur-

monté d'une grille en bois ; il tire dessus, une brèche est ouverte. M. Balny se hisse à la force des poignets jusqu'à l'ouverture et saute à l'intérieur, suivi de M. Harmand et de quatre hommes. La puissante forteresse était prise.

Au même moment, dans le sud, un jeune aspirant de marine accomplissait aussi des prodiges de valeur.

Chargé par le commandant en chef de porter à M. Balny l'ordre d'aller soumettre les provinces méridionales, M. Hautefeuille ne le rencontrant pas (il était occupé à la prise de Haï-Tsuong), se rendit de lui-même devant la forteresse de Ninh-Binh pour s'assurer des dispositions pacifiques de son gouverneur ou le réduire, en cas de nécessité. Ses forces étaient insignifiantes ; il n'avait qu'un canot à vapeur, une pièce de quatre, huit hommes d'équipage, et en fait de munitions 6 obus, 6 boîtes à mitraille et 250 cartouches. Le mandarin, à qui il comptait imposer ses conditions commandait une place forte de premier ordre, défendue par deux forts construits sur des rochers de 30 mètres d'élévation, et une muraille de 2 kilomètres de pourtour, épaisse et bien bastionnée. La partie n'était pas égale. Pour comble de malheur, tandis que les boulets faisaient rage autour du petit canot, les tubes de sa chaudière crevèrent, et la fragile embarcation ne fut plus qu'une épave. M. Hautefeuille payant d'audace, se laisse alors aller à la dérive, saute dans une jonque, de là à terre et s'élance en avant, lui septième. Les Annamites sortent en foule de tous côtés, croyant la capture facile. Mais l'intrépidité de la petite troupe

leur en impose, et la vue de nos baïonnettes les
maintient à distance. Le jeune officier arrive près
de la forteresse. Un vieillard à barbe blanche,
abrité sous quatre parasols, se trouvait à la porte ;
c'était le gouverneur. Hautefeuille court à lui, le
pistolet au poing, et lui demande son acquiesce-
ment aux édits de son chef ainsi que l'entrée de la
citadelle. Le mandarin hésite et s'efforce de gagner
du temps ; le jeune aspirant — il n'avait que vingt
ans — le saisit au collet et le menace de lui brû-
ler la cervelle si dans un quart d'heure il ne s'est
pas exécuté. L'Annamite, que ses soldats n'ont pu
parvenir à dégager, cède ; à l'heure dite, M. Hautefeuille pénètre dans la citadelle, confie le gouverneur à la garde de quatre matelots, et suivi de
deux autres, reçoit la soumission de toute la garnison, au nombre de 1,700 hommes. Les annales
de l'antiquité et du Moyen-Age contiennent-elles
rien qui surpasse ce sang-froid et cette intrépidité?
Et dire, cependant, que ce n'est qu'en 1878 que
justice a été rendue à ces hommes qui ont porté si
haut le renom de la valeur française, et que le
ministre de la marine, réparant l'erreur de ses
prédécesseurs, a décidé de leur compter comme
temps de campagne les mois glorieux passés à
acquérir une province de 10 millions d'âmes.

Notre conquête était définitivement assurée.
Quelques jours s'étaient à peine passés depuis la
prise de la citadelle de Hannoï, et déjà la presque
totalité du Tonking nous appartenait. Garnier était
allé vaincre en personne le dernier foyer de résis-
tance dans les provinces maritimes et s'était em-
paré, non sans fatigue et sans danger, de Nam-

Dinh. Partout les lettrés et les mandarins avaient été obligés de s'enfuir ou de se soumettre. Les populations autochtones, heureuses de se débarrasser de leur joug détesté, acceptaient notre domination avec enthousiasme, au dire même des missionnaires espagnols peu sympathiques à notre cause. M. Hautefeuille, aussi habile administrateur que brillant soldat, avait organisé un corps de volontaires de plusieurs milliers d'hommes qui nous avaient puissamment aidés dans la répression du brigandage et la lutte contre les lettrés. A l'ombre de notre drapeau, le Tonking renaissait à la vie. La cour de Hué même, semblant comprendre enfin tous les dangers que lui faisait courir sa politique d'atermoiements, se décidait à envoyer à Hannoï des dignitaires de haut rang pour traiter de la question commerciale, selon le vœu du gouvernement français, quand un événement imprévu vint remettre tout en question. A peine arrivés, les ambassadeurs annamites avaient entamé les négociations. Malheureusement, tandis que le commandant français, confiant en leur loyauté, cessait les hostilités, et renonçait à l'attaque des bandes de pillards chinois réunis à Sontay, en amont de la capitale, ils fomentaient la révolte, et appelaient ces mêmes bandes à leur aide.

Le 21 au matin, pendant que Garnier, en conférence avec eux, discutait les bases d'une convention, on vint lui annoncer que les troupes de Sontay s'avançaient et menaçaient la capitale. Toujours prêt à l'action et indigné de tant d'audace et de perfidie, il sortit armé d'un revolver, et suivi de quelques hommes seulement. L'ennemi recula;

mais emporté par l'ardeur de la poursuite à la suite
des fuyards, mollement suivi par ses soldats, Garnier tombe en descendant un talus glissant. Aussitôt
une nuée d'ennemis, cachés dans les rizières, fond
sur lui, le perce de coups de lance et lui tranche la
tête. A quelques pas plus loin, l'infortuné Balny
tombait lui aussi victime de son intrépidité.

Ainsi périssait à la fleur de l'âge, dans un combat
obscur et sans nom un homme dont la France a
le droit d'être fière ! Aimant sa patrie d'un amour
pur et désintéressé, il avait tout sacrifié à sa grandeur ; son rêve avait été de fonder un vaste empire français dans l'Indo-Chine ; il y avait dépensé
le meilleur de son âme et les plus belles années de
sa vie ; la mort l'a frappé au moment même où il
le réalisait.

Oublions en présence de ces grands morts le
vain bruit de nos discordes et de nos haines, et
rappelons-nous que nous devons à leur mémoire
d'unir nos efforts pour achever ce qu'ils ont com-
mencé.

IV

La mort du commandant en chef porta un coup
fatal à son œuvre. Rien cependant n'était perdu
ni même compromis ; quatre jours ne s'étaient pas
écoulés qu'il arrivait un renfort important de
105 hommes, ainsi qu'un matériel de guerre suf-
fisant pour armer à l'européenne les milices ton-

kinoises ; les bandes de rebelles, soudoyées par les lettrés, dont la mort de Francis Garnier avait un moment ranimé le courage, avaient été battues et dispersées ; tout était redevenu calme et paisible du côté de Sontay ; dans les provinces méridionales notre autorité s'affermissait tous les jours davantage et l'administration ferme et sage de MM. Hautefeuille, Harmand et Trintignan y faisaient régner la paix et la tranquillité : encore un peu de persévérence et le Tonking, jusqu'aux frontières de la Chine, nous appartenait. C'est alors que l'on vit ce que peuvent produire d'irréparables désastres, le désir d'innover, une politique sans esprit de suite ni tradition, peut-être, aussi hélas ! un sentiment de rivalité entre des compagnons d'armes.

Les négociations, interrompues un moment par les événements du 21 décembre, avaient repris leur cours. M. Esmez, commandant intérimaire, les poursuivait sur les bases laissées par son prédécesseur et avait déjà arrêté les termes de la convention quand l'arrivée inopinée à Hannoï d'un nouvel officier français, M. Philastre, changea la face des choses.

Ce dernier venait de Hué, où il était allé chercher, en compagnie de l'un des ambassadeurs annamites venus en juillet à Saïgon pour traiter avec l'amiral, les pouvoirs que la cour de Hué avait négligé à dessein de leur remettre.

Il avait été mal reçu : les ministres de Tu-Duc lui avaient fait entendre les plus amères récriminations contre les conquêtes de Garnier et la politique de l'amiral. Ebranlé par ces reproches, croyant sans doute qu'il n'obtiendrait jamais le traité tant désiré, si d'abord les affaires du Tonking n'étaient réglées, il se résolut à y aller.

Ses sentiments personnels étaient d'ailleurs favorables aux Annamites. Très versé dans l'étude de leur langue officielle, traducteur compétent de leurs lois, il avait fini par concevoir une telle estime pour leur civilisation, qu'il ne se rendait plus bien compte, dans ses jugements sur les affaires actuelles, des torts graves qu'ils avaient eus envers nous, et déplaçait les responsabilités en les faisant peser seulement sur l'amiral et son lieutenant. Il avait hautement désapprouvé la prise de Hannoï et en réponse à cet infortuné Garnier, qui, le lendemain de sa victoire, s'excusait en ces termes auprès de M. Luro : « Dis à Philastre que je n'ai pas tort, et que j'ai tendu aux Annamites la perche le plus longtemps possible », il écrivait, à la date du 6 décembre : « Avez-vous donc songé à la honte qui va rejaillir sur vous et sur nous quand on saura qu'envoyé pour chasser un baratier quelconque et pour tâcher de vous entendre avec les fonctionnaires annamites, vous vous êtes allié à cet aventurier pour mitrailler, sans avis, des gens qui ne vous attaquaient pas et qui ne se sont pas défendus? Le mal sera irréparable pour vous et pour le but qu'on se propose en France. L'amiral ne voit pas encore toute la gravité, tout l'odieux de votre agression; il suit une voie bien étrange. Cette affaire va soulever un tolle général contre lui et contre vous ».

On comprend que dans de telles dispositions d'esprit, M. Philastre, au courant d'ailleurs des intentions du ministre à Paris, n'ait pas résisté longtemps aux demandes de la cour de Hué, et ait re-

quis de son propre mouvement le commandant du
d'Estrée envoyé par l'amiral pour le ramener à
Saïgon, de le conduire au Tonking.

Il y arrivait dans la soirée du 24 décembre et y
apprenait le jour même la nouvelle de la mort de
Garnier.

Prenant aussitôt la direction politique des affaires, il partait pour Hannoï, et débutait par
détruire 24 jonques chinoises venues pour trafiquer sur la foi des traités.

Puis, sans attendre même son arrivée dans la
capitale, sans s'enquérir du nouvel état de choses,
sans prendre les mesures de prudence exigées par
la situation, il donnait l'ordre à tous nos officiers
d'évacuer les provinces et les forteresses qu'ils
avaient conquises et remettait aux Annamites tous
les approvisionnements que nous avions trouvés
dans les citadelles, estimés à près de 5 millions de
francs. Bien plus, il faisait fête et recevait à bras
ouverts tous ceux qui avaient résisté à notre occupation. Les missionnaires espagnols, dont l'hostilité à notre égard avait été bien caractérisée, con-
fessent eux-mêmes dans leurs lettres, avoir reçu des
éloges et des remerciements pour leur conduite.
Sous ses yeux des entrées triomphales furent pré-
parées, dans les forteresses évacuées par ses soins,
aux Annamites qui s'étaient montrés les adversaires
les plus implacables de notre domination.

On cherche, sans les trouver les motifs qui pu-
rent déterminer sa conduite. Sans doute l'amiral
désirait une solution rapide aux difficultés pendantes ; sa dernière lettre à Garnier en fait foi.
C'était répondre à ses intentions que d'amener le

plus promptement possible une entente avec
l'Annam. Peut-on cependant supposer que l'amiral
eût consenti à l'acheter au prix auquel M. Philastre
l'a payée? et fallait-il sacrifier de gaieté de cœur
tous les avantages obtenus; abandonner à la haine
des lettrés et des mandarins des gens inoffensifs
dont le seul crime avait été de croire à notre parole?
Dira-t-on que nous courrions des dangers au
Tonking et que la prudence commandait l'évacua-
tion? Mais nos forces militaires étaient plus nombreuses que jamais; plus que jamais les populations acceptaient notre domination; plus que
jamais les volontaires accouraient sous notre drapeau. Non, la vérité s'impose; rien, absolument
rien ne peut justifier la précipitation de M. Philastre. Nous étions venus au Tonking sur l'invitation de la cour de Hué pour faire une enquête sur
ses démêlés avec M. Dupuis; l'hostilité des autorités annamites nous avait obligés à faire appel à la
force pour rétablir notre prestige amoindri. Une
fois la lutte engagée, l'intrépidité de nos marins
nous avait valu des succès inouïs. La voie sem-
blait toute tracée et rien, pas même l'espoir d'une
prompte solution, ne peut excuser M. Philastre
d'avoir abandonné sans compensation une situation aussi belle. Les étrangers eux-mêmes le
jugeaient sévèrement: « Il semble n'avoir qu'un
but, écrit le père Terrès, celui de défaire l'œuvre
de Garnier. » — « Il n'a ni la valeur ni l'intelligence de son prédécesseur, écrivait un autre: il
manque de toute espèce d'énergie; il reste indif-
férent à tout ce qu'on lui dit touchant les lettrés,
leurs incendies et leurs massacres. Une seule

chose l'inquiète, c'est de détruire tout ce qui a été fait avant lui. »

Les conséquences de sa politique pusillanime furent d'ailleurs déplorables. Nous avions à peine évacué les forteresses que 129 villages étaient incendiés, plus de 2.000 chrétiens massacrés, noyés, brûlés ou enterrés vifs ; 25.000 traqués dans les bois comme des bêtes fauves. Le drapeau français était traîné dans la boue et souillé à Hannoï et l'insolence des Annamites devenait telle que nos soldats et nos officiers ne pouvaient plus sortir dans les rues de la capitale sans craindre d'être attaqués.

Quant à la nouvelle convention que M. Philastre achetait ainsi au prix de tant de faiblesse, elle ne retenait aucun des avantages stipulés et acquis par MM. Garnier et Esmez ensuite. L'ouverture du Tonking au commerce y était passée sous silence. M. Dupuis, traité de forban, en était expulsé ; ses navires étaient internés dans un marais pestilentiel ; et nous chargeant même de faire contre lui la police du pays, nous promettions au gouvernement annamite l'appui de nos soldats pour le chasser de tout point du territoire où il tenterait de se fixer. Voilà à quoi avait abouti l'héroïsme de nos soldats ! voilà la façon dont un officier français comprenait les intérêts de son pays ! Etonnons-nous ensuite qu'avec ce décousu dans la direction de nos affaires coloniales, nos possessions lointaines n'aient pas toujours prospéré. Certes le courage et l'énergie ne nous manquent pas ; l'histoire de notre intervention au Tonking est là pour le montrer ; mais à quoi servent les efforts les plus généreux quand les gouvernants, sollicités par des questions de

politique intérieure ou par le besoin de se ména-
ger à l'extérieur des alliances trop souvent
onéreuses, n'ont ni esprit de suite, ni vues nettes
et pratiques. Une opinion publique vigilante pour-
rait être une garantie; malheureusement dans
toutes ces questions elle est froide et indifférente.

Après avoir vu sous plusieurs régimes trafiquer
de nos colonies comme d'une marchandise, elle a
fini par s'en désintéresser absolument; et nos ministres, livrés à leurs inspirations personnelles, pri-
vés de stimulant ou de frein, n'ont trop souvent
signalé leur arrivée au pouvoir qu'en détruisant
l'œuvre de leur prédécesseur.

V

Après avoir rétabli l'ordre à sa façon, M. Philastre retourna à Saïgon, suivi de l'ambassadeur
annamite. C'était vers la fin de février 1874; l'amiral
Dupré, plus anxieux que jamais de faire signer son
traité, cause première de tous ces événements, les
attendait avec impatience. Les négociations furent
reprises, mais les diplomates de la cour de Hué,
se sentant forts désormais en face d'un adversaire
qui n'avait plus aucun gage entre les mains, con-
naissant en outre le prochain retour de l'amiral en
France, usèrent de toutes sortes de mesures dilatoires pour échapper à son étreinte; ce ne fut que
le 15 mars au soir, la veille de son départ et devant
sa menace de partir en personne pour le Tonking,

qu'ils cédèrent et apposèrent leur signature au traité qui reconnaissait notre pleine et entière souveraineté sur les six provinces de la Basse-Cochinchine et établissait une sorte de protectorat sur l'Annam, encore que le mot ne fût pas prononcé.

L'article 3 stipulait en effet son absolue indépendance vis-à-vis de toute puissance étrangère ; mais l'obligeait à conformer sa politique extérieure à celle de la France et à ne rien changer à ses relations diplomatiques. Les suivants décrétaient l'ouverture au commerce du monde entier des ports de Thi-Naï, Haï-Phong et Hannoï, ainsi que du fleuve Rouge depuis la mer jusqu'au Yun-Nan, avec le droit pour la France d'avoir dans chacun de ces ports un consul appuyé par une force de 100 hommes et des tribunaux pour juger les différends. Certes, il y aurait mauvaise grâce à nier les avantages sérieux que nous ont conférés ce traité et le traité de commerce signé quelques mois plus tard, et à la suite duquel Saïgon acquérait des avantages importants comme port d'importation ou d'exportation pour les marchandises allant ou venant du Tonking. Quel besoin cependant avions-nous de fournir l'Annam de tout un matériel de guerre, et de lui livrer 5 navires à vapeur, armés et équipés, 100 canons approvisionnés à 220 coups par pièce, 1,000 fusils à tabatière avec 500.000 cartouches ?

Que sont ensuite les avantages stipulés, avantages rendus d'ailleurs illusoires par la mauvaise foi des Annamites, en présence de ceux que la conquête du pays nous aurait assurés. L'histoire impartiale déplorera un jour l'intervention funeste de M. Philastre et la pusillanimité d'un ministre qui ne voulait à aucun prix de la plus petite intervention militaire, elle blâmera l'amiral Dupré de n'avoir pas suivi jusqu'au bout la politique inaugurée par son lieutenant, elle regrettera que, pour sauver un traité dont il voulait faire le couronnement de sa carrière, il ait, malgré ses promesses, sacrifié aux exigences des Annamites les intérêts d'un homme dont l'initiative avait été nécessaire à la réussite de ses propres combinaisons. Elle lui saura peut-être peu de gré du traité dont il a enrichi nos archives diplomatiques, car ce traité est devenu lettre morte le jour même où il était signé, et il faut aujourd'hui que la France, si elle en veut exiger l'exécution, recommence à nouveau et dans des conditions moins favorables la conquête de Garnier.

Cependant, tout en faisant ses réserves sur cette politique timorée et variable, elle n'aura garde d'oublier que ces événements se passaient au lendemain de la guerre de 1870, quand la France n'était pas encore libre de ses destinées et elle rendra hommage au patriotisme de M. l'amiral Dupré, comme à son intelligence des véritables intérêts du pays.

VI

Six ans se sont écoulés depuis lors et les espérances qu'avaient pu faire concevoir les traités de 1874 ne se sont pas encore réalisées.

Malgré ses privilèges la part que prend Saïgon dans le commerce d'importation au Tonking est nulle ou presque nulle. Une amélioration sensible, il est vrai, s'est produite à l'exportation depuis 1878.

Hong-Kong et la Chine n'en restent pas moins et de beaucoup les maîtres de ce vaste marché.

L'ouverture du fleuve Rouge au commerce est absolument illusoire. Les pavillons noirs en occupent les rives et en empêchent la navigation, soit en s'opposant au passage des barques, soit en prélevant des droits tellement exorbitants sur les marchandises, que les négociants qui ont eu déjà à subir les exigences des triples lignes des douanes annamites, hésitent à se servir de cette voie nouvelle. — Dans les eaux du Tonking, les pirates pullulent comme autrefois et naguère encore capturaient un des cinq navires donnés par la France à l'Annam en 1874.

Au point de vue politique, nous n'avons pas davantage réalisé de grands progrès. Le gouvernement annamite nous est toujours profondément hostile. Nous l'avons soutenu et le soutenons encore contre ses ennemis ; il ne nous en poursuit pas moins d'une haine implacable, et n'en cherche pas moins tous les moyens pour se débarrasser de nous. Naguère encore n'avons-nous pas été obligés d'intervenir pour sauvegarder nos droits reconnus en 1874, et empêcher la cour de Hué de conclure un traité politique avec l'Espagne ?

C'est une illusion que de croire à la bonne foi de Tu-Duc et à sa sincérité. Désireux de recouvrer ce qu'il a déjà perdu, poussé par sa foi religieuse à récupérer ces provinces méridionales où reposent les cendres de ses ancêtres, il n'attend qu'une occasion favorable pour nous opposer les Anglais, les Allemands ou les Chinois. Il a déjà fait appel à ces derniers ; il le réiterera encore ; pour se débarrasser

du barbare maudit, il rappellera à la Cour de Pé-
kin qu'il a été jadis son vassal.

Quelle sera notre situation si les Chinois renou-
vellent, comme en 1878, leurs incursions dans la
vallée du fleuve Rouge, et viennent livrer au pil-
lage les paisibles populations de ces contrées aujourd'hui sans défenseurs et sans maître? Quel
titre aurons-nous pour nous y opposer? Nous avons
bien deux ou trois cents hommes en garnison à
Han-Noï, à Haï-Phong. Mais ils sont là pour pro-
téger simplement nos consuls, et n'ont point mission
de combattre ces bandits. Ne devons-nous pas
craindre d'ailleurs qu'une collision accidentelle
donne lieu à des complications redoutables? Et
l'occupation réelle effective du pays ne s'impose-
t-elle pas comme le moyen le plus sûr de couper
court à tous ces dangers éventuels? Est-il, en effet,
possible d'admettre un seul instant la pensée que les
vice-rois des provinces chinoises limitrophes lais-
seraient aussi facilement que par le passé leurs
bandes venir guerroyer au Tonking, si c'était une
terre française? Le droit de suzeraineté nominale
que la Chine a exercée pendant longtemps peut donc
devenir une source d'embarras et de déboires pour
nous, si d'ores et déjà nous n'occupons pas le pays
militairement.

Diplomatiquement, il nous sera facile, surtout en
ce moment, d'amener la Chine à renoncer à un
droit purement nominal, surtout si nous faisons
valoir à ses yeux les avantages commerciaux que
ses sujets retireraient d'une occupation militaire,
dont le premier résultat serait de rendre la paix et
la sécurité à ces malheureuses contrées.

Une des gloires de la France, c'est d'avoir toujours servi la cause de l'humanité. Que dirait-elle si elle savait qu'aujourd'ui, à deux pas de ses soldats muets et silencieux, la traite des femmes et des jeunes filles Tonkinoises se fait sur une vaste échelle? C'est par centaines que ces infortunées, arrachées à leurs familles, sont entassées dans des jonques chinoises, pour aller peupler les maisons de débauche de Canton. Le Gouvernement annamite tolère ces monstruosités, ses agents en sont les complices et les bénéficiaires occultes. Pouvons-nous laisser plus longtemps le drapeau français abriter de telles infamies, et l'heure n'est-elle pas enfin venue de prendre en main la cause de ces populations livrées sans défense à toutes les horreurs du despotisme asiatique, et de mettre fin à un état de choses, aussi contraire aux lois de la morale que préjudiciable à nos intérêts?

L'annexion du Tonking s'impose donc à tous les points de vue comme une nécessité inéluctable.

Par elle seulement, nous sortirons de l'imbroglio actuel; nous donnerons une solution pratique à toutes les questions qui ont été ébauchées là-bas depuis huit ans, et nous ferons faire un pas sérieux au développement du pays. La vallée du fleuve Rouge est riche, peuplée et fertile; elle est l'emporium naturel de toutes les vastes et industrieuses provinces du sud de la Chine, et le complément nécessaire de notre colonie de Cochinchine. Son commerce, malgré les entraves de l'heure actuelle, prend tous les jours plus d'importance, ainsi que l'indique le mouvement du port de Haï-Phong qui, de 1876 à 1877, s'est élevé de 178 navires et 14,007 tonnes à 329 navires et 42,251 tonnes. Les recettes des douanes ont doublé d'une année à l'autre. Que serait-ce, cependant, si un gouvernement fort et équitable rendait la sécurité à ces parages et si ces populations, devenues laborieuses, défrichaient ces fertiles terres d'alluvion qu'elles délaissent aujourd'hui de peur d'exciter par leurs richesses la convoitise de leurs maîtres. L'entreprise est facile; les succès de 1873 et la conquête de la Basse-Cochinchine attestent que point n'est besoin de troupes nombreuses pour vaincre les soldats du roi Tu-Duc. Le moment est opportun. L'Angleterre est trop occupée en Irlande, en Afrique et dans l'Afghanistan, pour qu'elle puisse renouveler les démarches qui lui avaient si bien réussi auprès de M. de Broglie; l'Espagne, repliée sur elle-même, toute à ses affaires intérieures, verra probablement sans déplaisir une puissance amie prendre en main la cause des nombreux chrétiens du Tonking; la Chine est trop préoccupée de ses démêlés avec la Russie pour se mettre une nouvelle affaire sur les bras, à propos d'une suzeraineté plus que nominale.

La France donc, consciente de sa force, de ses droits, de sa mission dans l'Indo-Chine, telle que les évènements l'ont faite, doit entrer résolument dans la voie qui lui est tracée ; en agissant ainsi elle ferait de la bonne et saine politique, de la politique vraiment française.

Nous n'avons pas le droit, en présence des efforts que font tous nos rivaux, de négliger une occasion, si petite qu'elle soit, d'augmenter notre donner à cette question du Tonking toute l'attention qu'elle mérite. Il s'est préoccupé d'ouvrir de

Que si l'on objecte que nous serons par tempérament inhabiles à profiter de notre nouvelle conquête, n'oublions pas l'exemple de l'Algérie, jadis tant décriée, aujourd'àui notre orgueil et notre espérance, non plus que l'essor de la Cochinchine.

Vingt ans ne se sont pas encore écoulés depuis que le drapeau français flotte sur les rives du Mékong, et le port de Saïgon, dont le mouvement était de 428 navires au long cours, à l'entrée en 1879, avec un accroissement de 20 0/0 sur l'année précédente, fait déjà un commerce de plus de cent millions par an. Le budget de la colonie, qui se solde toujours en excédant, ferait envie à la plupart des États de l'Europe. La création d'un fonds de réserve qui s'élève aujourd'hui à plus de 6 millions et demi, l'accroissement progressif et rapide du rendement des impôts, le chiffre des dépêches et des lettres dont le nombre a triplé depuis 1873, parlent assez hautement d'un degré de prospérité dont nous avons le droit d'être satisfaits. De plus, les grands travaux à l'étude ou en cours d'exécution, chemins de fer, routes, canaux, l'établissement de lignes télégraphiques, la création sur toute la surface du pays de 400 écoles attestent à la fois notre génie colonisateur et la façon généreuse dont nous comprenons notre mission civilisatrice, en faisant participer aux bienfaits d'une culture plus élevée des populations misérables et déshéritées.

Il appartiendrait au gouvernement républicain, qui a déjà fait de si grands efforts pour développer la richesse matérielle et intellectuelle du pays, de puissance et d'étendre notre influence; une occasion perdue ne se retrouve jamais.

nouveaux débouchés à notre activité commerciale, et a voté des subsides pour arrêter la décadence de notre marine marchande. Quel effet durable cependant peuvent avoir des mesures qui, par leur nature même, ne sont que passagères et transitoires?

Les meilleurs esprits et les hommes les plus compétents n'hésitent pas à déclarer que le résultat obtenu sera absolument nul; et que ces palliatifs et remèdes empiriques ne rendront qu'une espèce de vie factice à notre pavillon.

Il existe pourtant un moyen d'enrayer le mal. Les Anglais et les Hollandais s'en sont servis avec bonheur. Il consiste à se créer au loin des intérêts à l'abri du drapeau national.

A l'heure qu'il est, le trafic avec l'Algérie entre pour beaucoup dans l'animation de nos ports méditerranéens; un jour, de même, si nous savons apporter de l'esprit de suite dans notre politique coloniale et nous établir solidement dans des pays que la force des choses pousse dans nos bras, nous nous créerons des relations avec l'Extrême-Orient, et nous aurons trouvé un moyen bien autrement puissant que les subventions budgétaires pour relever notre marine marchande défaillante.

Au printemps dernier, M. l'amiral Jauréguiberry, comprenant tout le danger du *statu quo*, avait déposé un projet de loi qui, dans sa pensée, devait amener une discussion permettant de savoir si le Parlement voulait en finir avec cette affaire du Tonking, soit en occupant ce pays, soit en l'abandonnant.

Craignant de s'engager dans une expédition dont elle ne saisissait pas toute l'importance, la commission du budget n'a pas encore déposé son rapport. Il faut espérer que mieux éclairée sur l'intérêt politique et commercial qu'il y a pour nous à nous établir fortement dans la vallée du fleuve Rouge, elle consentira bientôt à mettre la Chambre en mesure de formuler une décision. Mais il faut se hâter ; la cour de Hué s'agite et intrigue : et les avis les plus récents et les plus autorisés font prévoir des complications prochaines, si l'état actuel des choses se prolonge.

Que la Chambre décrète donc une mesure que lui commandent le respect de notre dignité, le souci de notre puissance maritime et coloniale, le devoir de sauvegarder les droits de l'humanité outrageusement violés.

En agissant ainsi, elle aura la gloire de fonder sur des bases solides et inébranlables un vaste empire français dans la presqu'île indo-chinoise, et de servir à la fois les intérêts de la patrie et ceux de la civilisation.

NOTE. — Nous sommes heureux d'apprendre que la Commission du budget, adoptant les conclusions de son rapporteur M. Antonin Proust, vient d'approuver le projet de loi du gouvernement demandant un crédit de 2 millions 500 mille francs, pour ouvrir effectivement au commerce la vallée du fleuve Rouge.

Il faut espérer, toutefois, que le Ministère et le Parlement ne s'arrêteront pas à des demi-mesures, mais que, sûrs de l'assentiment du pays, ils marcheront, là comme ailleurs, d'un pas ferme et vigoureux dans la voie qui leur est tracée.

Paris. — Imp. Kugelmann, 12, rue Grange-Batelière.